VELPEAU

DISCOURS

PRONONCÉ A TOURS LE 30 OCTOBRE 1887

PAR

J.-C. FÉLIX GUYON

PROFESSEUR A LA FACULTÉ DE MÉDECINE DE PARIS

A L'INAUGURATION DU MONUMENT

ÉLEVÉ PAR LES SOINS DE L'ASSOCIATION MÉDICALE D'INDRE-ET-LOIRE

A BRETONNEAU, VELPEAU ET TROUSSEAU

PARIS

TYPOGRAPHIE GEORGES CHAMEROT

19, RUE DES SAINTS-PÈRES, 19

1887

VELPEAU

VELPEAU

DISCOURS

PRONONCÉ A TOURS LE 30 OCTOBRE 1887

PAR

J.-C. FÉLIX GUYON

PROFESSEUR A LA FACULTÉ DE MÉDECINE DE PARIS

A L'INAUGURATION DU MONUMENT

ÉLEVÉ PAR LES SOINS DE L'ASSOCIATION MÉDICALE D'INDRE-ET-LOIRE

A BRETONNEAU, VELPEAU ET TROUSSEAU

PARIS

TYPOGRAPHIE GEORGES CHAMEROT

19, RUE DES SAINTS-PÈRES, 19

1887

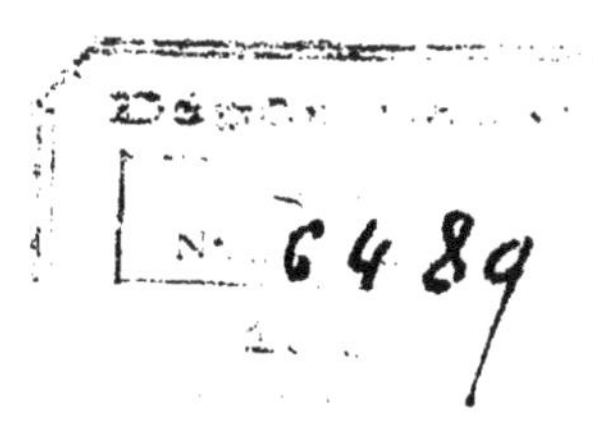

VELPEAU

Le 1er avril 1820, un jeune officier de santé prenait place dans la diligence qui faisait alors le service entre Tours et Paris. Ce modeste voyageur s'appelait Velpeau. Vous le ramenez aujourd'hui à son point de départ pour l'unir dans l'apothéose la plus légitime à deux autres enfants de la Touraine. La fécondité proverbiale de votre beau pays lui permet d'être le jardin de la France et de donner en tout temps, à notre chère patrie, des hommes capables de soutenir ou de rehausser son glorieux renom.

Ceux que vous offrez en ce moment à l'admiration respectueuse de leurs concitoyens étaient bien vôtres. Ils l'étaient par leur origine et par la communauté de vues scientifiques, nées de leur initiation première à notre science. Le médecin à l'esprit novateur, le maître éminent qui a vécu ses longs jours au milieu de vous, ainsi que les élèves dont il avait fait les confidents de sa pensée, n'ont cessé de défendre les doctrines de l'école de Tours. Ils les ont fait triompher et l'importance des vérités médicales venues au monde sous votre égide est telle, que les progrès rapides auxquels nous avons le bonheur d'assister s'accomplissent en les confirmant. Aussi la renommée de vos savants compatriotes est trop grande, l'éclat jeté sur la médecine et la chirurgie française trop vif, pour que la fête de votre département n'intéresse pas tous ceux qui, pleins de foi dans la puissance de l'esprit français, ajoutent au culte de son passé la confiance la plus inaltérable dans son avenir.

Ils vont s'associer avec émotion à l'hommage que vous rendez à la force intellectuelle fécondée par le travail, soutenue dans son essor par la volonté la plus persévérante. Les sentiments que vous inspirez seront d'autant plus vifs, l'exemple donné salutaire, le spectacle imposant, que l'obscurité de l'origine de ceux que vous célébrez fut plus complète, les difficultés surmontées plus nombreuses, les moyens employés pour combattre victorieusement, plus simples et mieux à la portée de tous.

Si la part de Velpeau fut grande, c'est que son labeur a été immense. Le travail, le travail assidu, obstiné, sans trêve, fut, à tous les moments de sa belle carrière, son moyen, son seul moyen. Ce levier qui permet de tout soulever trouva son point d'appui dans une énergie invincible, dont peu d'hommes ont donné d'aussi remarquables exemples. Ses panégyristes à l'Académie de médecine et à la Société de chirurgie[1] l'ont hautement reconnu. Il marcha toujours fièrement, d'un pas égal, se perfectionnant sans cesse dans les grandes et les petites choses, ne demandant rien à personne, attendant tout de son infatigable activité.

Ce qu'il a été pendant les grandes périodes de sa vie scientifique, il le fut dès l'enfance, alors que les occasions avaient encore manqué pour développer les germes qu'il portait en lui. Élevé dans le petit village de Brèches où il naquit le 18 mai 1795, prenant part dès l'âge le plus tendre aux travaux de la forge, seule ressource du pauvre ouvrier maréchal chargé de famille qui lui avait donné le jour, Velpeau ne perdait aucune occasion de s'instruire. Il s'adonnait avec ardeur au travail manuel et cherchait à alimenter son intelligence. Des circonstances presque romanesques, qu'il aimait à conter et dont il m'a dit la touchante histoire, l'amenèrent à diriger ses vives aptitudes vers la recherche des moyens de guérir. Tout d'abord, ce fut une plaie du pied droit due à des morsures de sangsues faites alors qu'il conduisait au marais les vieux chevaux livrés à ces auxiliaires

1. M. J. Béclard et U. Trélat.

habituels de la médecine de l'époque. Les piqûres sans cesse ravivées prirent un si mauvais caractère, qu'il mit deux ans à guérir de sa plaie. Il en a souffert toute sa vie, malgré l'application de tous les simples qu'il expérimenta sur lui-même. Ce fut encore une difformité congénitale des deux index, qu'il laissa toujours supposer d'origine accidentelle lorsqu'il se livra à la chirurgie, ne voulant pas permettre qu'on pût le croire « maladroit de naissance ». Ce fut enfin l'empoisonnement, par l'ellébore, d'une jeune accouchée atteinte de manie puerpérale, à laquelle il avait cru devoir administrer la plante dont ses livres lui avaient appris l'action prétendue sur la folie.

C'est même à l'occasion de cet événement que son avenir se décida. La faute du guérisseur fut réparée grâce à l'expérience d'un habile médecin, le Dr Bodin, dont le nom dignement porté continue à inspirer une juste confiance. Le petit maréchal, vivement admonesté par le docteur, l'intéressa à tel point, qu'il le recommanda à l'un des grands propriétaires du voisinage qui déjà lui avait donné des marques d'intérêt. A partir de ce jour, Velpeau fut admis par M. Ducam à partager les leçons données à ses enfants.

Il avait déjà vingt ans. Son savoir un instant dirigé par le curé du village, puis accidentellement par un instituteur ambulant, était surtout son œuvre propre. Il se réduisait à très imparfaitement lire, écrire et compter. Le jeune apprenti ignorait la grammaire, méconnaissait l'orthographe, et bien qu'il eût acheté de ses économies le *Traité des maladies des artisans* et la *Médecine des pauvres,* lu et relu toutes leurs pages, sa science, hélas! était bien au-dessous de la réputation acquise au village. Les questions posées par ses protecteurs le lui démontrèrent et sa désillusion fut grande. Mais il était de ceux que les obstacles ne rebutent pas; aussi ses efforts furent tels, qu'en moins d'une année, il était en état de réaliser son rêve et d'aller étudier à Tours pour devenir officier de santé.

Il y arriva le 28 avril 1816 et entra dans le service de V. O. Gouraud, auquel il était recommandé. Cependant il fallait vivre sans dépenser. Ce problème fut résolu en se logeant sous les toits et en se contentant du gros pain et du fromage que chaque semaine lui apportait le messager du pays. Il en fut ainsi jusqu'au moment où, devenu interne, il fut logé et nourri à l'hôpital. Le grade d'officier de santé n'était plus son seul objectif, il voulait faire ses humanités ; il y parvint.

Il commençait à exercer et se préparait à se fixer dans le département, lorsqu'à la suite d'une entrevue ménagée par Bretonneau pour un mariage, il déclara nettement à son maître qu'il voulait aller à Paris. Les assiduités d'un militaire auprès de celle qu'il avait été voir et observer au théâtre lui avaient donné à réfléchir, et, son amour du travail prenant le dessus, il osa parler du projet qui hantait son esprit, projet abandonné pour se marier et s'établir. S'il désirait aller à Paris, c'était pour augmenter son savoir en écoutant et en voyant; ses modestes ressources ne lui permettaient pas de songer au doctorat. Il voulait aussi parler des études de Bretonneau sur le croup et la dothiénentérie, faire les recherches bibliographiques qu'elles comportaient. Il y avait déjà participé par des autopsies audacieuses dont il a ici même raconté les péripéties[1]. Il était plein de foi dans leur valeur.

Son seul avoir était les minces économies, fruit de soins donnés à quelques malades; mais l'idée de vivre durement ne l'inquiétait en aucune façon, il savait la misère! L'hôtel du Foin, rue des Abbesses, lui offrant une chambre à 7 francs par mois, le voisinage d'une caserne lui permettant d'acheter aux soldats le surplus de leur pain de munition, il avait le vivre et le logement. Dans ces conditions, il ne désespérait pas de maintenir le temps nécessaire l'équilibre de son budget. Quelque faibles que fussent les dépenses, les recettes continuant à faire défaut, il eût peut-être succombé dans ce rude combat pour la vie, si Bretonneau, averti, ne lui fût venu en aide, et si Jules Cloquet, qui l'avait pris en grande estime, ne l'eût décidé à accepter à l'hôpital Saint-Louis une

1. Discours prononcé aux funérailles de Bretonneau, à Tours, le 7 mai 1862.

situation d'élève logé que sa protection lui permettait d'obtenir.

Velpeau eût préféré rester libre d'aller s'instruire dans les différents hôpitaux pour comparer et juger ce qu'il voyait. Un vaste champ d'observation lui restait encore, et d'ailleurs il continuait à assister aux cours publics et même à essayer de surprendre ce qui était enseigné dans les cours particuliers, mais payants, dont il était naturellement exclu. Il écoutait au travers de la porte qu'une main charitable laissait entre-bâillée.

S'instruire pour enseigner à son tour était son plus ardent désir. Jules Cloquet lui permit d'en commencer la réalisation en lui confiant huit élèves et en lui donnant à préparer son cours d'anatomie. Les succès qu'il obtint dès 1821 en méritant le prix d'anatomie et de physiologie, puis le titre d'aide d'anatomie de la Faculté, firent le reste. Dès lors, de nombreux auditeurs s'inscrivent à ses cours, il est définitivement entré dans la voie scientifique.

Il n'y a cependant que cinq ans qu'il a quitté l'atelier, qu'il a commencé son éducation primaire, et maintenant il enseigne, ainsi que le remarque M. Béclard, l'anatomie descriptive, la physiologie, l'anatomie chirurgicale, les bandages, la médecine opératoire. Bientôt il professera la pathologie externe, l'embryologie, l'oculistique, l'obstétrique. Comme à Brèches lorsqu'il partageait les leçons de ses petits condisciples, comme à Tours où il accomplissait un labeur plus prodigieux encore, il continuait à regagner le temps perdu et y arrivait si bien qu'il rejoignait, puis dépassait les jeunes gens de sa génération. Il ne pouvait plus hésiter et, cédant aux sollicitations de J. Cloquet, de Guersant et de tous ceux dont l'influence pouvait applanir les difficultés matérielles qui le retenaient encore, il prépara son doctorat.

Sa thèse inaugurale fut soutenue en 1823, et dès 1824 le concours le faisait agrégé en médecine.

L'enseignement de Tours l'avait fait entrer dans la voie médicale et lui permettait d'y prendre brillamment position. Il voulait cependant se consacrer à la chirurgie et, l'année suivante, publiait le premier volume de son *Anatomie chirurgicale ou topographique*, puis le second avec l'atlas en 1826. L'ouvrier d'il y a neuf ans était devenu auteur. Il l'était devenu en produisant un livre qui fait époque dans l'histoire de la chirurgie. Pour la première fois la science anatomique est présentée sous cette forme. On peut dire que cet ouvrage était attendu, car les savants les plus autorisés avaient déjà mis l'étude de l'anatomie chirurgicale à l'ordre du jour, et plusieurs d'entre eux étaient à l'œuvre. Velpeau eut le mérite d'arriver le premier et de donner un livre qui fut classique pendant plusieurs années.

L'anatomie chirurgicale fournissait à la chirurgie opératoire, aussi bien qu'au diagnostic, une base nouvelle. Elle devait être un puissant instrument de progrès et répondait trop bien aux tendances positives et précises de la chirurgie française pour que ses représentants les plus élevés, et parmi eux le successeur scientifique de Velpeau[1], n'aient pas voulu en élargir le cadre, en perfectionner les descriptions.

L'étude d'une seule partie de notre art ne pouvait suffire à ce vigoureux et énergique travailleur. Velpeau, chef de clinique dans un service qui comprenait une division d'accouchements, poursuivait les recherches qui devaient lui permettre de publier en 1833 son *Traité d'embryologie ou d'ovologie humaine;* près de trois cents faits anatomiques examinés et analysés par lui servaient de base à sa description, de modèle à son bel atlas. Jamais chercheur n'avait réuni un pareil ensemble d'observations personnelles, au moins pour l'espèce humaine. Cette œuvre n'était d'ailleurs que le développement d'un grand et scientifique chapitre de son *Traité d'accouchements* qu'il avait fait paraître en 1829 et rééditait en 1833.

Dès 1832, il parvenait néanmoins à réaliser un projet caressé au milieu de tous ces labeurs avec une prédilection particulière, en publiant ses *Nouveaux Éléments de médecine opératoire.*

Ainsi, de 1825 à 1833, en moins de huit années, Velpeau donnait à la science quatre grands ouvrages

1. M. le professeur Richet, de l'Institut.

comprenant huit volumes avec atlas, ouvrages qu'il ne cessa, jusqu'en 1839, de refondre et de compléter dans de nouvelles éditions.

A cela ne se réduisait pas son labeur; l'étude approfondie de la chirurgie et des accouchements ne lui avait pas fait perdre de vue les questions médicales. Débutant à Paris en 1820, à un moment où la doctrine de Broussais semblait imposer à son époque la médecine physiologique et le dogme de l'inflammation, Velpeau prit franchement position parmi ceux qui le combattaient ouvertement. Il le fit dans de nombreuses et importantes publications. Et déjà, dans sa thèse inaugurale, il ne craignait pas de donner, avec une grande fermeté de langage, sa manière de voir sur les doctrines régnantes. L'élève de Bretonneau se montrait ainsi le digne interprète du savant médecin qui avait osé affirmer la spécificité des inflammations.

Il produisait des mémoires, collaborait aux grands recueils scientifiques, faisait des articles de journaux, se mesurait, dans les concours qui menaient alors au professorat, à de redoutables compétiteurs. De 1831 à 1834, il descendait cinq fois dans l'arène pour prendre à ces grandes et pénibles luttes la part la plus brillante. Aussi lorsqu'il parut dans le grand amphithéâtre de la Faculté pour le concours de 1834, qui devait le faire professeur de clinique à la Charité, son entrée fut-elle saluée par une triple salve d'applaudissements. Le jugement du public devançait celui qu'allait formuler le jury. L'Académie de médecine, deux ans avant la Faculté, avait appelé Velpeau à siéger parmi ses membres. La toge du professeur et l'habit d'académicien avaient remplacé le tablier de cuir déposé dix-huit ans auparavant.

La suprême consécration d'une aussi brillante carrière ne devait pas se faire attendre. Le 3 avril 1843, l'Institut ouvrait ses portes au petit officier de santé qui, sans autre soutien que son énergique volonté, sans autre ressource que son ardeur au travail, s'était mis en route pour Paris le 1er avril 1820.

Quels prodigieux efforts indiquent ces rapprochements de dates! Combien est éclatant l'éloge qui ressort des faits qu'ils consacrent! Nous aurions cependant une idée incomplète de la contribution que ce labeur sans trêve devait fournir à la science médicale et chirurgicale, si je n'ajoutais que les articles et les mémoires dus à la plume de Velpeau pourraient représenter vingt volumes. La collaboration fut étrangère à cette immense production; aussi n'y ai-je pas fait figurer ses trois volumes de *Leçons cliniques*, ni son *Manuel d'anatomie chirurgicale* publiés en son nom par ses élèves.

Je dois encore, quoique je n'oublie pas que l'auditoire auquel j'ai l'honneur de m'adresser n'est pas exclusivement médical, indiquer en peu de mots le rôle scientifique de votre grand compatriote, et particulièrement signaler le *Traité des maladies du sein*, paru en 1854 et réédité en 1858.

C'est l'œuvre de la maturité, œuvre maîtresse qui porte, plus qu'aucune autre, le cachet de la personnalité de son auteur. Mais un esprit solidement trempé par la lutte contre toutes les difficultés est de bonne heure en état de fournir des productions marquées de son empreinte. La plupart des qualités qui s'affirment avec tant de puissance dans cet ouvrage alimenté par une expérience exceptionnelle, se retrouvent dans tous les travaux de Velpeau, alors même qu'ils datent de ses débuts scientifiques.

La série des mémoires, où l'altération primitive du sang chez les blessés et les opérés est mise en lumière, parut de 1823 à 1830.

Dans cette même période fut donnée la description des grandes lésions qui en sont le point de départ ou la conséquence. Leur étude poursuivie chez les accouchées constitue le groupement qui ramène à une cause identique les principaux accidents du traumatisme et de la parturition.

Réalité scientifique des doctrines humorales modernes, importance de leur application à l'étude étiologique du fléau qui si longtemps désespéra les chirurgiens, dont il fallait à la fois rechercher les origines et, pour apprendre à le combattre, déterminer la nature, voilà où il porta ses regards, presque à l'entrée de sa carrière.

Ces recherches, que d'autres ont si heureusement poursuivies, orientaient la science sur le chemin où elle allait enfin rencontrer les magnifiques et consolants succès qui font si puissante et si belle la chirurgie d'aujourd'hui.

Si c'était le lieu de continuer la démonstration que nous tentons, ne faudrait-il pas, après avoir insisté sur la haute portée scientifique du traité d'ovologie humaine, citer la description entièrement nouvelle de l'angioleucite qui, en 1835, sortit tout entière de la plume de Velpeau, ainsi que sa magistrale étude des cavités closes naturelles et accidentelles où s'unissent des vues anatomiques et thérapeutiques qui consacrent une nouvelle et féconde méthode opératoire. Ce travail fixa définitivement sur son auteur l'attention de l'Institut.

D'autres exemples pourraient être ajoutés; ils établiraient aussi que ce n'est pas seulement dans sa pleine maturité que Velpeau alimenta ses travaux de son propre fonds. Inspirées par la claire intuition des tendances et des besoins de la science de son temps, ses publications le placèrent de bonne heure à la tête du mouvement chirurgical. Nous n'ajouterons qu'une remarque. Dans ses grandes œuvres de compilation, Velpeau s'attacha sans doute à donner dans son ensemble le bilan de la science; mais il eut sa méthode, et elle était digne de servir de guide à ceux qui l'ont suivi dans cette voie si utile. La façon dont il avait compris la médecine opératoire nous en donne la preuve. En envisageant l'étude des opérations surtout au point de vue de la thérapeutique chirurgicale, il montrait encore une fois la route du progrès. C'était, pour employer les expressions d'un chirurgien [1] très autorisé à porter un jugement et qui l'a fait avec autant de justesse que d'impartialité, ouvrir une voie nouvelle et large. La majeure partie du mouvement chirurgical s'est depuis poursuivie par elle. Dans cette œuvre considérable figuraient d'ailleurs, comme apport personnel, de nombreuses recherches originales et de nouveaux procédés opératoires.

Il en est de même, plus encore peut-être, dans le *Traité complet de l'art des accouchements,* dont la seconde édition avait fait un livre de beaucoup supérieur à ceux qui l'avaient précédé. Sur des questions aussi capitales que celle de la mortalité des femmes en couches, Velpeau devançait de bien des années le moment où cette question allait être reprise et étudiée, comme il l'avait fait, à l'aide de tableaux comparatifs, de la léthalité de l'accouchement dans les différents pays, à diverses époques. Enfin, le premier des grands ouvrages que nous rappelons, le *Traité d'anatomie chirurgicale,* n'avait-il pas fourni l'instrument nécessaire au perfectionnement de l'*art opératoire et du diagnostic?*

1. M. U. TRÉLAT, *Éloge de Velpeau devant la Société chirurgicale*, 20 janvier 1869.

Ce sont deux choses que le grand chirurgien français n'a jamais séparées. Chaque jour, par son enseignement et sa pratique, il montrait que celui qui n'est pas avant tout dominé par la préoccupation du diagnostic, qui n'a pas appris à mettre en œuvre avant d'agir toutes les ressources de la clinique afin d'établir sur des bases assurées la connaissance exacte de la lésion, peut être un brillant opérateur, mais ne mérite pas le titre de chirurgien.

Le livre magistral qui a servi de couronnement à l'immense production dont nous avons donné une idée sommaire, montrait, avec une force et une ampleur particulières, quels résultats il est permis d'attendre de cette indispensable association. Le cancer, son étude, sa guérison, avaient été la constante préoccupation de Velpeau. Un travail remarqué, publié en 1825, en donne déjà la preuve. Cependant, un problème de premier ordre n'était pas encore résolu ; il fallait apprendre à distinguer au lit du malade les tumeurs qui devaient demeurer dans la catégorie des cancers, et celles qui méritaient d'en être séparées. Pour se rendre compte de la nécessité et des difficultés d'une pareille sélection, il est utile de rappeler que le prédécesseur immédiat de Velpeau, dans la chaire de clinique de la Charité, Boyer, le grand représentant des doctrines de l'Académie de chirurgie, se déclarait, dans beaucoup de cas, incapable de distinguer avant l'opération les tumeurs bénignes de celles qui ne l'étaient pas, et s'en remettait aux résultats ultérieurs de leur enlèvement pour se prononcer. Il était réservé à Velpeau de faire la lumière. Seul, de tous les chirurgiens français, il comprit la nécessité de débrouiller le chaos des tumeurs. Ce sont les expressions dont s'est servi l'un des savants dont nous devons le plus justement être fiers, Paul Broca[1], pour caractériser le rôle que son éminent collègue remplit au nom de l'observation chirurgicale dans cette grande question. Les règles principales du diagnostic des tumeurs furent posées et le pronostic établi d'après leurs caractères cliniques.

Convaincu que le cancer abandonné à lui-même détermine fatalement la mort, mais qu'il peut être arrêté dans son évolution, il étudia non seulement les caractères exacts des tumeurs qui peuvent être confondues avec lui, mais il détermina soigneusement, au point de vue clinique, les variétés de cette affection. Il fit voir qu'il en est que la chirurgie ne saurait arrêter dans leur évolution, tandis que, prises à temps, certaines formes peuvent être curables. Aussi voulait-il que celles-ci fussent opérées sans retard, tandis qu'il renonçait à attaquer les autres. Et pendant qu'il montrait aux chirurgiens ce qu'ils peuvent attendre de leur intervention dans le véritable cancer, il prouvait que près d'un quart des tumeurs du

1. *Traité des tumeurs*, t. 1er, p. 27, 1866.

sein, tumeurs si justement redoutées, n'étaient pas de mauvaise nature. Affirmation consolante qu'il nous est depuis lors permis de donner en toute certitude.

Ces belles et utiles conquêtes étaient complètement dues à la science profonde du clinicien et par-dessus tout à une méthode qui permettait de les transmettre. Loin d'être le résultat d'une habileté ou d'une sagacité individuelles, elles étaient le fruit de la véritable expérience : de celle qui ne se prononce jamais en s'appuyant sur un seul fait, mais sur un ensemble; qui prend en considération la physionomie de la maladie tout entière; qui permet de mettre à leur place et dans leur jour, suivant un ordre prévu toujours facile à suivre ou à retrouver, les traits multiples qui la distinguent.

L'observation clinique ainsi conduite est inattaquable, et lorsqu'elle doit être poussée au delà des révélations permises par la seule étude du malade, elle a le droit de réclamer, pour les résultats fournis par les autres modes d'investigation, une concordance qui est le signe de leur vérité. A ce prix, elle étend fructueusement son domaine ; elle peut être singulièrement aidée, vivement éclairée par les recherches qui se poursuivent à côté d'elle. Velpeau accueillit donc avec empressement l'application du microscope à l'étude des tumeurs, mais lorsque ses premiers enseignements parurent témoigner contre la réalité des faits établis par l'observation, il engagea résolument la lutte. Pas plus alors qu'auparavant, il ne voulait devenir l'ennemi d'un aussi précieux auxiliaire; il s'en est toujours défendu en continuant de solliciter son concours, de favoriser ses recherches. Mais ce que l'enchaînement et le caractère des symptômes lui avaient démontré être du cancer, le clinicien ne pouvait accepter qu'on le regardât comme étant d'une autre nature, par ce seul fait qu'une cellule spéciale, que l'on disait caractéristique, n'y était pas rencontrée. Il contestait que cet élément anatomique, cependant découvert et toujours retrouvé dans les tumeurs les plus manifestement cancéreuses, pût, à lui seul, les caractériser et rendre compte de leur spécificité. Il venait, preuves en main, démontrer que celles que l'histologie se croyait en droit de déclarer bénignes par le fait de son absence, pouvaient, après avoir pris possession d'un point limité de l'organisme, le menacer, l'envahir tout entier si la chirurgie n'intervenait à temps.

Ces idées, résultats de longues méditations sur des faits rigoureusement observés, étaient déjà consignés dans la première édition de son livre, lorsqu'il vint les défendre à la tribune de l'Académie de médecine dans la mémorable discussion de 1854.

Bien des fois déjà, Velpeau avait pris part à de grands débats. L'étendue de son savoir, la sûreté de sa mémoire, son ferme bon sens, la netteté de son jugement, lui permirent jusqu'à la fin d'être toujours prêt à entrer en lice. L'activité et les succès de son rôle académique sont d'autant plus remarquables qu'il n'était pas né orateur. Jamais cependant la précision de sa parole, la vigueur de sa pensée, le choix des arguments, ne donnèrent à sa dialectique, toujours serrée et pénétrante, une plus grande puissance, une portée plus considérable. La discussion eut d'ailleurs dans son ensemble une magistrale allure; chacun des combattants contribua largement à la rendre digne du sujet qui l'avait fait naître. Les savants qui, à l'Académie comme en dehors d'elle, retinrent quatre mois l'attention de la France et de l'étranger, eurent sur la marche de la chirurgie la plus heureuse influence.

Nous étions au moment où l'analyse anatomique et les recherches expérimentales, dont notre grand Bichat avait donné l'exemple, commençaient enfin à nous prêter d'une façon efficace leur concours devenu depuis si indispensable. Ceux qui, dans l'évolution qui s'affirmait nettement, soutenaient avec ardeur les droits du microscope, et celui qui, de toute la hauteur d'une expérience sans rivale, venait, en sa qualité de chef reconnu de la chirurgie française, parler au nom de l'observation, réclamer pour elle, dans le présent et l'avenir comme dans le passé, un rôle qu'il ne craignait pas de vouloir prépondérant, rendaient à notre science des services égaux.

Aujourd'hui, les hommes les plus autorisés par

leur vie et leur apport scientifique, proclament, comme le faisait encore récemment l'un de ceux dont la parole a le plus de portée[1], que la clinique seule peut diriger par des voies sûres la rénovation scientifique de la médecine par l'expérimentation, et que cette manière efficace d'assurer la valeur définitive des résultats obtenus dans le laboratoire constitue ce qu'à juste titre il appelle la méthode française. Velpeau n'avait fait que rester fidèle aux grandes traditions dont il était le représentant le plus en vue. Il les connaissait trop bien et, depuis qu'il en avait le dépôt, avait trop ajouté à leurs richesses, pour ne pas parler en leur nom et au sien. En rappelant, avec les résultats jusque-là obtenus, la direction suivie, il invitait les chercheurs pleins d'une juste foi dans l'avenir à ne l'oublier ni à l'abandonner, quelque loin que dussent les conduire leurs savantes explorations. Nous venons de voir qu'il avait été entendu.

A l'époque où grandit ce sage et sagace esprit, la médecine française s'était constituée sur des bases nouvelles; les polémiques et la vive agitation, les beaux travaux, les leçons ardentes des chefs d'écoles rivales avaient rempli les premières années scientifiques de Velpeau. De ces luttes où, sous l'influence de Bretonneau, il avait joué un rôle remarqué, il

1. M. Charcot. *Discours prononcé aux obsèques de Vulpian le 24 mai 1887.*

avait retenu pour la chirurgie la nécessité d'être médicale dans son origine, et de le demeurer dans son principe.

Aussi, les applications de l'humorisme scientifique, dont le domaine est aujourd'hui immense, le préoccupèrent-elles de bonne heure et se partagèrent-elles, avec le besoin de donner au diagnostic anatomique des bases certaines, sa laborieuse activité.

Il ne faillit jamais à son rôle et ne négligea rien pour que la chirurgie marchât dans cette voie; c'étaient à ce moment les conditions mêmes du progrès. Afin que la lumière fût complète, il voulait que les travaux de tous fussent mis à contribution; il devint vulgarisateur passionné en même temps qu'auteur original.

L'érudition, l'histoire et la critique devaient attirer ce chercheur, amoureux de tout ce qui peut enrichir la science. Ses ouvrages sont de ceux qui tentèrent ce qui bientôt allait être brillamment accompli par Malgaigne et son école.

Dire que Velpeau ait également réussi dans tout ce qu'il a entrepris, serait lui accorder ce qui n'est réservé à aucun homme, quelle que soit sa puissance intellectuelle et son ardeur au travail. S'il n'arriva pas en tout au but, il sut être initiateur; toujours il prêcha l'exemple, payant en toute occasion de sa personne, ne se permettant jamais de rien distraire de son temps. Tout entier à la chirurgie, il aurait cru perdre sa journée s'il l'avait laissée s'écouler sans rien faire pour la science dont il était le serviteur passionné et l'une des gloires les plus légitimes.

Aussi, à mesure qu'il avançait en âge et surtout depuis le moment où il était entré dans la vieillesse, se rapprochait-il davantage de ses confrères et particulièrement des jeunes. Sans doute ses élèves furent ceux qu'il recherchait le plus, mais son intérêt bienveillant était acquis à tous ceux qui cultivaient sa science de prédilection. Il en donnait la preuve à la Société de chirurgie dont il aimait à suivre les séances; souvent il y prenait la parole. Ce n'était plus le rude jouteur académique, c'était le vétéran de la chirurgie qui venait causer avec ceux qui, plus ou moins avancés dans la carrière, voulaient eux aussi être les ouvriers du progrès.

Nous ne servons pas seulement la science; il faut nous dévouer à la profession. Tous ne peuvent y trouver la récompense de leurs efforts. La lutte fait plus de victimes que de victorieux et la victoire est triste quand on l'oublie. Appelé par le suffrage unanime de ses confrères à la présidence de l'association des médecins de la Seine, Velpeau se souvint des angoisses des premières années ; il fut l'un des plus ardents apôtres de l'œuvre que nous devons au grand cœur d'Orfila. Recruteur actif, il aurait voulu enrôler sous le charitable drapeau, remis entre ses mains, tous ceux que n'abritaient pas ses plis. Il eut pour la famille médicale les mêmes sentiments que pour les siens. A peine avait-il conjuré le besoin, qu'il était leur soutien et bientôt leur bienfaiteur; il est, par un legs, devenu le nôtre.

Le maître n'avait rien perdu de son activité ni de son inexorable exactitude, et n'avait renoncé à aucune de ses fonctions. Cependant il commençait à s'accorder quelques distractions. Peu habitué aux vacances, il en revenait à l'improviste, se dirigeait tout droit vers l'hôpital, puis vers l'Académie, où il prenait part aux discussions dont l'écho avait sans doute contribué à son brusque retour.

Il eût peut-être oublié que le monde ne demandait qu'à saluer en lui l'un des siens, à se faire parure de son illustration, si la joie d'y conduire sa fille ne l'y avait attiré. Il aimait en particulier les réunions hebdomadaires qu'il avait pris l'habitude de tenir chez lui. Il y attirait ses élèves, et, comme le matin à l'hôpital, cherchait par quelques épigrammes, qui n'étaient pas toujours dépourvues d'une malice aimable, ou même par un jeu de mots, à s'attirer des reparties dont il ne dédaignait pas la vivacité. On le sentait heureux de se voir entouré de vieux amis fidèles et d'une jeunesse qui le vénérait et l'aimait. Il jouissait pleinement de cette détente de son esprit, de cet épanouissement de ses facultés affectives et s'y complaisait.

« Je suis né vieux, j'ai vécu vieux, je vais mourir

jeune, » me répondit-il un soir où je me permettais de lui faire remarquer son goût nouveau pour les délassements.

L'intégrité de son intelligence et de ses sens, l'attachement toujours aussi vif à ses devoirs, éloignaient l'idée de sa disparition. Sa démarche était restée ferme, sa taille droite, et ses yeux brillants, enfoncés sous la forte saillie de l'arcade orbitaire, éclairaient toujours aussi vivement, à travers d'épais sourcils, son expressive physionomie. L'activité qui avait fait sa destinée, semblait devoir prolonger sa vie au delà du terme habituel. Aussi fus-je douloureusement surpris lorsqu'il me fit la confidence d'un état qui lui infligeait souvent de cruelles douleurs et qui était, à son avis, l'indice d'un mal grave pour lequel il me faisait l'affectueux honneur de me demander des soins.

Parler de repos fut mon premier mot. C'était au cours de l'été 1867, dans sa chère campagne d'Antony, où le dimanche se passait à causer, sous les grands ombrages, de chirurgie et bien souvent aussi de sa jeunesse, à manger à l'arbre quelques fruits qu'il appelait « vivants », que Velpeau avoua ses souffrances. Je ne pus obtenir qu'il se reposât plus que de coutume, c'est-à-dire de l'après-midi du samedi au dimanche soir. Et pour couper court à toute insistance, il me déclara qu'il continuerait à souffrir seul, si je ne lui faisais la promesse formelle de ne rien laisser soupçonner à personne et de ne rien faire qui pût l'empêcher de mener sa vie habituelle. Son mal étant de ceux qui ne permettent pas la guérison, je respectai scrupuleusement sa volonté.

La lutte parut d'abord tourner à son avantage; il suffit, jusqu'à la fermeture de l'École, à toutes les obligations du professorat, ne manqua pas une seule leçon, présida de nombreux examens. Il continuait son service à la Charité, bien que les vacances fussent commencées, et quelques illusions paraissaient possibles lorsque, le 17 août, au retour d'une courte absence, je le rejoignis au moment où il quittait son hôtel de la rue de Grenelle pour gagner à pied l'hôpital. Je le suppliai de rentrer : « Non, me dit-il, j'ai promis à Liouville (notre si regretté collègue était alors un de ses internes) de lui faire faire une amputation, il faut que j'aille à la Charité. » — Et devant mon insistance : « Je vous assure que je rentrerai immédiatement après la visite. » Il tint parole, et revint chez lui pour n'en plus sortir.

Son dernier acte fut sa visite d'hôpital et une leçon à ses élèves.

Cependant la soudaine gravité des circonstances me dégageait de ma parole; je me rendis chez Nélaton, que Velpeau écoutait et qui pouvait avoir autorité sur son esprit. Il accourut, le trouva dans son cabinet étendu sur un lit de repos. Il s'étonnait de ce fait anormal; il venait lui demander de voir un de ses malades en consultation. Que se passait-il donc?... « Rien, répondit Velpeau ; je suis allongé parce que la plaie de ma jambe s'est rouverte et me fait mal. » Nélaton n'en put tirer autre chose.

Les accidents devaient marcher avec une terrible rapidité; les soins et la science de Barth furent impuissants à enrayer une pneumonie de mauvaise nature.

Velpeau s'était tenu parole : « Je ne veux pas être plaint, » m'avait-il souvent répété. Et comme, à ses yeux, mieux valait finir que s'arrêter, il employa à mourir debout l'énergie qu'il avait mise à vivre. Il y réussit et tomba sans avoir quitté un instant le champ de bataille.

Si la volonté avait fléchi sous l'étreinte de la maladie, si la notion exacte des choses avait disparu, les tendances de son esprit, les sentiments de son cœur restaient les mêmes.

Pendant la longue nuit d'agonie, il ne cessa de chercher à formuler les pensées qui continuaient à le dominer. « Travaillez, travail, » répétait-il sans cesse ; et le nom de sa fille qui occupait doublement son cœur depuis le jour où, subissant la douleur la plus cruelle, il perdait l'aînée de ses enfants, s'échappait en même temps de ses lèvres.

Ainsi mourut, le 24 août 1867, à 10 heures du matin, votre illustre compatriote. Dans toutes les phases de sa vie il avait cru au travail ; à la lueur des dernières clartés de sa belle intelligence, il tentait encore d'inspirer cette confiance salutaire à ceux qui l'entouraient.

Il vous appartenait de consacrer de tels exemples et de perpétuer d'aussi grands enseignements. Ce sera l'honneur de votre Association médicale d'en avoir pris l'initiative. En glorifiant les mémoires qui vous sont justement chères, vous n'aurez pas satisfait seulement à la religion du souvenir ; vous aurez rendu hommage à la Société française où les plus humbles ont accès aux premiers rangs ; vous aiderez au recrutement le plus précieux, au recrutement de nos forces intellectuelles.

Les nations qui veulent vivre respectées et accroître leur puissance ont besoin de s'appuyer sur elles et le devoir de les protéger dans leur essor. Notre pays ne saurait l'oublier; la solennité d'aujourd'hui est l'éclatant témoignage de sentiments qui ne cesseront de le dominer et d'assurer sa grandeur.

TABLE BIBLIOGRAPHIQUE ABRÉGÉE

DE L'ŒUVRE DE

VELPEAU

TRAITÉS

Traité d'anatomie chirurgicale, ou Anatomie des régions, considérée dans ses rapports avec la chirurgie. — Paris, 1825-1826. 2 vol. in-8 avec 14 pl.

Traité d'anatomie chirurgicale générale et topographique. — Paris, 1833. 2 vol. in-8 avec atlas de 15 pl. gravées.

Traité complet d'anatomie chirurgicale et topographique du corps humain. — Paris, 1837. 2 vol. in-8 avec atlas de 20 pl.

Manuel d'anatomie chirurgicale, générale et topographique. — VELPEAU, Paris, 1832. 1re édition. VELPEAU et BÉRAUD, 2e édition. Paris, 1862.

Traité élémentaire de l'art des accouchements ou principes d'embryologie et de tocologie. — Paris, 1829. 2 vol. in-8.

Tocologie humaine ou Traité théorique et pratique de l'art des accouchements. — Paris, 1835. 2 vol. in-8 avec 8 pl.

Embryologie ou Ovologie humaine, contenant l'histoire descriptive et iconographique de l'œuf humain. — Paris, 1833. In-fol. avec 15 pl.

Nouveaux Éléments de médecine opératoire. — Paris, 1832. 3 vol. avec atlas de 20 pl.

2e édition refondue et augmentée d'un **Traité de petite chirurgie.** — Paris, 1839. 4 vol. in-8 avec atlas in-4 de 22 pl. et 191 fig.

Manuel pratique des maladies des yeux, d'après les leçons cliniques de Velpeau, par Gust. JEANSELME. — Paris, 1840. In-12, 676 p.

Leçons orales de clinique chirurgicale. — Paris, 1839-1841. 3 vol. in-8, publiées par Pavillon et G. Jeanselme.

Petit Traité des maladies du sein. — Paris, 1838.

Traité des maladies du sein et de la région mammaire. — Paris 1854. In-8. 2e édition, Paris, 1858.

ANATOMIE ET PHYSIOLOGIE

Mémoire sur la distribution des vaisseaux de l'orbite. (*Journ. des connais. méd. chir.*, 1827, t. II, p. 296.)

Mémoire sur les généralités de la physiologie et sur la meilleure méthode à suivre dans l'enseignement de cette science. — Paris, 1831, in-4. (*Thèse de concours.*)

Article **Abdomen.** (*Dict. de méd. — Répert. des sciences méd.*, t. I, 1832.)

Article **Aisselle.** (*Dict. de méd. — Répert. des sciences méd.*, t. II, 1833.)

Article **Aponévroses.** (*Dict. de méd. — Répert. des sciences méd.*, t. III, 1833.)

Article **Avant-bras.** (*Dict. de méd. — Répert. des sciences méd.*, t. IV, 1833.)

Article **Bras.** (*Dict. de méd. — Répert. des sciences méd.*, t. V, 1833.)

Article **Dure-mère.** (*Dict. de méd. — Répert. des sciences méd.*, t. X, 1835.)

Article **Genou.** (*Dict. de méd. — Répert. des sciences méd.*, t. XIV, 1836.)

Article **Mamelle.** (*Dict. de méd. — Répert. des sciences méd.*, t. XIX, 1839.)

Article **Poignet.** (*Dict. de méd. — Répert. des sciences méd.*, t. XXV, 1842.)

Article **Prostate.** (*Dict. de méd. — Répert. des sciences méd.*, t. XXVI, 1842.)

Mémoire sur l'anatomie chirurgicale des articulations. (*Transact méd.*, 1833, t. XI, p. 358.)

Mémoire sur l'anatomie chirurgicale des aponévroses. (*Répert. gén. des sciences méd.*, t. III.)

Articles	**Rectum.**	*Encyclopédie méthodique.*
—	**Région.**	— —
—	**Reins.**	— —

Articles **Rubans-vocaux.** *Encyclopédie méthodique.*

— **Sternum,** etc... — —

Recherches anatomiques, physiologiques et pathologiques sur les cavités closes naturelles ou accidentelles de l'économie animale. (*Ann. de la chir.*, 1843, t. VII, p. 151, 294, 401, t. VIII, p. 15.)

Mémoire sur les fonctions diverses des nerfs rachidiens. (*Arch. gén. de méd.*, t. VII, p. 68. — *Journ. de physiologie expérimentale*, 1825.)

Discussion sur la faculté du langage articulé. (*Bull. de l'Acad. de méd.*, 1864-65, t. XXX, p. 798.)

MÉDECINE OPÉRATOIRE

Rescision des amygdales. (*Arch. gén. de méd.*, 1825.)

Remarques sur l'excision des amygdales. (*Gaz. des médecins praticiens*, t. I.)

Ligature de la langue. (*Arch. gén. de méd.*, t. XII et XIII.)

Ligature de l'artère fémorale. (*Gaz. des Hôpitaux*, 1830, t. IV, p. 247.)

Ligature de l'iliaque externe. (*Acad. des sciences*, 1832. — *Gaz. Méd.* p. 51.)

Mémoire sur les ligatures d'artères du système aortique inférieur. (*Transact. méd.*, 1832, t. IX, p. 17.)

Mémoire sur les moyens hémostatiques à la suite des amputations. (*Revue médicale*, 1832, t. I, p. 379.)

Amputation de l'épaule. (*Arch. gén. de méd.*, t. XII et XIII.)

Mémoire sur l'amputation de la jambe dans le genou. (*Acad. des sciences.* — *Arch. gén. de méd.*, 1830, t. XXII, p. 44. — *Journ. hebd.*, 1830, t. I, p. 263. — *Gaz. des hôpitaux*, t. V, p. 160, 281.)

De l'amputation dans les articles. (*Gaz. des hôpitaux*, 1852, t. V, p. 177.)

Des amputations en général. (*Gaz. des hôpitaux*, 1832, t. V, p. 182, 197.)

D'un nouveau procédé pour l'amputation de la cuisse dans l'articulation. (*Gaz. des hôpitaux*, 1852, t. IV.)

De l'amputation de jambe au tiers inférieur. (*Ann. de la chirurgie*, 1832, t. III, p. 129. — *France méd.* p. 18.)

Mémoire sur l'amputation sus-malléolaire, rapport sur Arnal et Ferd. Martin. (*Bull. de l'Acad. de méd.*, t. VII, p. 117, 1841-42. — *Ann. de la chir.*, t. III, p. 129. Paris, 1841.)

Procédés nouveaux pour l'amputation de la mâchoire inférieure. (*Gaz. des hôpitaux*, 1838, t. II, p. 21; 1839, p. 138; 1840, p. 45, 169, 267.)

Procédés nouveaux pour l'amputation de la mâchoire supérieure. (*Gaz. des médecins praticiens*, 1840, t. I, p. 1 à 17.)

Résections. (*Revue méd.*, 1837, t. III, p. 195. — *Gaz. des hôpitaux*, 1839, p. 42, 47, 61. — *Gaz. des méd. pratic.*, t. I. p. 24, 55, 56, 159.)

Taille quadrilatérale. (*Gaz. des hôpitaux*, 1831, t. IV, p. 47.)

Taille vésico-vaginale. (*Gaz. des méd. pratic.*, 1831. t. I, p. 126, 160.)

Opération du phimosis. (*Gaz. des hôpitaux*, 1839.)

Mémoire sur la bronchotomie. (*Gaz. méd.*, 1831, p. 383.)

Discussion sur la thoracentèse. (*Bull. de l'Acad. de méd.* 1864-65, t. XXX, p. 1071; t. XXXI, p. 13.)

Du strabisme. (Supplément au *Traité de médecine opératoire*, in-8, 1842.)

Nouveaux Procédés pour l'opération de la pupille artificielle. (*Gaz. des hôpitaux*, 1831, t. II, p. 22.)

Opération de la cataracte. (*Gaz. des hôpitaux*, 1831, t. V. p. 126, 229.)

Modifications à la staphylorraphie. (*Gaz. des hôpitaux*, 1839.)

Recherches sur la ténotomie. (*L'Esculape*, 1838, nos II, III, IV.)

Discussion sur la ténotomie. (*Bull. de l'Acad. de méd.*, 1842-43, t. VIII, p. 168, 340, 420, 496.)

Discussion sur la méthode sous-cutanée. (*Bull. de l'Acad. de méd.*, 1856-57, t. XXII, p. 410, 418, 677, 723.)

Discussion sur la méthode sous-cutanée. (*Bull. de l'Acad. de méd.*, 1865-66, t. XXXI, p. 791, 931 et 1045.)

Du bégayement. (*Annales de la chirurgie*, Paris, 1841, t. II, p. 220.)

Nouvelles Applications des bandelettes de diachylon. (*Bull. de thérapeut.* 1832, t. I, p. 62. — *Gaz. des hôpitaux*, t. V, p. 117. — *Thèse*, Paris, 1832, n° 276.)

PATHOLOGIE GÉNÉRALE MÉDICALE

Remarques sur les fièvres intermittentes, la teigne, les inflammations, etc. (*Thèse*, Paris, 1823, n° 16.)

Sur les altérations du sang. (*Thèse*, Paris, 1826, n° 138.)

1er Mémoire. — **Observations sur les altérations du sang dans les maladies.** (*Revue méd.* t. II, p. 440, 459, 1826.)

2e Mémoire. — **Altérations du sang.** (1826, *Revue méd.*, t. III, p. 68.)

3e Mémoire. — **Altérations du sang.** (1827, *Revue méd.*, t. IV, p. 216.)

Observations sur les altérations du sang. (*Archiv. gén. de méd.*, 1re série, t. XI et XIV, 1826.)

Discussion sur le développement des gaz dans le sang. (*Bull. de l'Acad. de méd.*, 1851-52, t. XVII. p. 223.)

Discussion sur la syphilisation et la transmission des accidents secondaires de la syphilis. (*Bull. de l'Acad. de méd.*, t. XVII, p. 160, 894, 930 et 1168.)

Discussion sur la transmission des accidents secondaires de la syphilis. (*Bull. de l'Acad. de méd.*, 1852-53, t. XVIII, p. 30, 106, 134.)

Discussion sur la vaccine et les fièvres essentielles. (*Bull. de l'Acad. de méd.*, 1852-53, t. XVIII, p. 1172.)

Sur la dothiénentérie ou fièvre typhoïde. (*Thèse,* Paris, 1825, no 97.)

Sur le rhumatisme. (*Thèse*, Paris, 1827.)

Rhumatisme articulaire. (*Arch. gén. de méd.,* t. XIII.)

Mémoire sur le choléra épidémique de Paris. (*Archiv. gén. de méd.*. t. XXIX, p. 207.)

Mémoire sur la contagion du choléra. (*Gaz. méd.,* 1832, p. 863.)

Sur la morve. (*Presse méd.,* p. 115, 1837.)

Discussion sur la morve. (*Bull. de l'Acad. de méd.*, 1851-52, t. XVII, p. 718.)

Discussion sur la lèpre. (*Bull. de l'Acad. de méd.*, 1851-52, t. XVI, p. 860.)

PATHOLOGIE INTERNE

An tuberculorum crudorum in pulmonibus certa diagnosis, possibilis curatio? (*Thèse de concours,* mars 1824.)

Du traitement des angines tonsillaires aiguës par l'alun en poudre et le nitrate d'argent. (*Bull. de thérap.,* 1835.)

Mémoire sur les inflammations couenneuses de la bouche et du gosier. (*Gaz. méd.,* 1830, p. 11.)

Traitement de la variole et de quelques affections cutanées par le nitrate d'argent. (*Thèse de concours*, mars 1824.)

Note sur la variole. (*Gaz. des hôpitaux,* 1828, t. I, p. 173, 178, 210.)

De l'azotate d'argent dans le traitement de la variole et de quelques autres affections cutanées. (*Soc. philomat.*, 1825. — *Acad. de méd.*, avril 1825. — *Arch. gén. de méd.*, t. VIII, p. 427. — *Revue méd.*, 1828, t. IV, p. 425.)

Traitement de l'érysipèle par la compression. (*Gaz. des hôpitaux,* 1831, t. II, p. 366.)

Nouveau Traitement de l'érysipèle. (*Gaz. des hôpitaux*, 1831, t. V, p. 105.)

Leçons sur l'érysipèle. (*Gaz. des hôpitaux*, 1841, p. 238, 274, 350, 434, 443, 521, 525, 540. — *Gaz. des médecins praticiens,* t. II, p. 185, 196, 201, 209. — *Ann. de la chir.*, 1842, t. IV, p. 143.)

Sur le pemphigus. (*Gaz. des hôpitaux,* 1828, t. I, p. 135.)

Sur le zona. — — t. I, p. 151.)

SYSTÈME NERVEUX (Médecine)

Mémoire sur le ramollissement de la moelle épinière. (*Arch. de méd.*, 1825, t. VII, p. 329.)

Mémoire sur le ramollissement du bulbe rachidien sans trouble des fonctions nerveuses. (*Arch. génér. de méd.,* 1825, t. VII, p. 52.)

Observation sur une maladie de la moelle épinière tendant à démontrer l'isolement des fonctions des racines motrices et sensitives des nerfs. (*Arch. génér. de méd.,* t. VIII, p. 68. — *Journ. de physiologie expérimentale,* 1825.)

Mémoire sur quelques altérations de la moelle épinière. (*Arch. génér. de méd.*, t. VII, p. 329, 1825.)

Mémoire sur la paralysie. (*Revue méd.*, 1826, t. II, p. 247.)

PATHOLOGIE GÉNÉRALE, CHIRURGICALE

De la contusion dans tous les organes et tous les tissus. — Paris, 1823, in-4.

Phlegmon en général. (*Arch. gén. de méd.,* t. XI, 1826.)

Sur l'inflammation en général. (*Gaz. des hôpitaux,* 1829, t. I, p. 85, 107, 135.)

Mémoire sur les abcès métastatiques à la suite des grandes opérations. (*Revue méd.*, 1826, t. IV, p. 392.)

Mémoire sur les épanchements purulents à la suite des grandes opérations. (*Revue méd.*, 1826, t. IV, p. 380.)

Mémoire sur les altérations du sang à la suite des blessures compliquées de suppuration. (*Arch. génér. de méd.*, 1826, t. XIV, p. 504.)

Sur la phlébite et les altérations du sang. (*Arch. génér. de méd.*, t. XIV, 1827, p. 500 et *Clinique des hôpitaux*, mai 1827.)

Nouveau Mémoire sur la phlébite. (*Revue méd.*, 1829, t. II, p. 398.)

Mémoire sur les altérations du sang dans les maladies cancéreuses. (*Revue Méd.*, 1825, t. I, p. 217, 343.)

Cas remarquable de maladie cancéreuse avec oblitération de l'aorte et réflexions en réponse aux explications données par Broussais. — Paris, 1825.

Autre mémoire sur les maladies cancéreuses. (*Revue méd.*, 1825, t. II, p. 257, 326.)

Discussion sur le cancer. (*Bull. Acad. de méd.*, 1852-53, t. XVIII, p. 583.)

Discussion sur le diagnostic et la curabilité du cancer. (*Bull. de l'Acad. de méd.*, t. XX, p. 27, 69, 106, 156, 411, 1854-55.)

Communication sur le traitement du cancer institué par le sieur Vriès. (*Bull. de l'Acad. de méd.*, 1858-59, t. XXIV, p. 629.)

PATHOLOGIE EXTERNE

I. — GÉNÉRALITÉS

Compte rendu des principales maladies chirurgicales à l'hôpital de Perfectionnement pendant le 3e trimestre 1825-26, par A. Velpeau, chef de clinique (*Arch. de méd.*, t. XII, p. 496, t. XIII, p. 180.)

Notes sur quelques observations chirurgicales, recueillies à la clinique de M. J. Cloquet. (*Arch. de méd.*, t. IV, 1827.)

Mémoire sur les généralités de la chirurgie et sur la meilleure méthode à suivre dans l'enseignement de cette science. — In-4, Paris, 1831.

Généralités sur les méthcdes thérapeutiques. (*Gaz. méd.*, 1837 p. 721.)

Généralités sur la nature et le diagnostic des tumeurs. (*Gaz. des hôpitaux*, nov. 1840.)

Généralités sur la manière d'observer les malades dans les hôpitaux. (*Ann. de la chir.*, t. III, p. 306.)

Rôle du chirurgien au lit du malade. (*Ann. de la chir.* Paris, 1841, t. III, p. 306.)

Traité iconographique des maladies chirurgicales, par B. Anger. — **Introduction** de Velpeau. — Paris, 1865.

II. — TUBE DIGESTIF

Remarques sur le cancer des lèvres. (*Gaz. des méd. prat.*, t. I.)

Mémoire sur la nature et le traitement d'une maladie encore peu connue de la bouche. (*Acad. des sciences*, 1835. — *Gaz. méd.*)

Cancer des amygdales. (*Nouveaux élém. de méd. opératoire*, 1839, t. III, p. 568.)

Nouveau Mode de traitement du polype fibreux des fosses nasales et du pharynx. (*Bull. de thérap.*, 1846, t. XXXIII, p. 34.)

Discussion sur la ligature de l'œsophage. (*Bull. de l'Acad. de méd.*, 1855-56, t. XXI, p. 991, 1021.)

Remarque sur la hernie étranglée. (*Arch. génér. de méd.*, t. XI, XII, XIII, 1825-1827.)

Cure radicale des hernies. (*Bull. de thérap.*, 1830, p. 95.)

Sur la hernie dans la tunique vaginale. (*Journ. hebd.*, 1830, t. VI, p. 267. — *Gaz. des hôpitaux*, t. II, p. 195. — *Revue méd.*, p. 476.)

Hernie crurale avec double sac. (*Gaz. des hôpitaux*, 1831, t. II, p. 354.)

Hernie inguinale. (*Dict. de méd.* — *Réper. des sciences méd.*, t. XVI. 1837.)

Mémoire sur une nouvelle espèce de hernie inguinale externe. (*Ann. de la chir.*, 1841. t. I, p. 258 avec pl.)

Mémoire sur l'anus contre nature. (*Journ. hebd.*, 1836, t. III, p. 2.)

De l'anus contre nature. (*Gaz. des hôpitaux*, 1837, t. V, p. 149.)

Discussion sur l'anus artificiel. (*Bull. de l'Acad. de méd.*, 1855-57, t. XXI, p. 943, 946.)

Remarques sur les tumeurs hémorrhoïdales. (*Arch. gén. de méd.*, t. XIII, 1827.)

Maladies de l'anus. (*Dict. de méd.* — *Répert. des sciences méd.*, t. III, 1833.)

Remarques sur les fistules de l'anus. (*Arch. gén. de méd.*, t. XI, 1825.)

Fistule à l'anus. (*France méd.*, 1837, p. 58, 61, 73, 77.)

Fistule à l'anus. (*France méd.*, 1837, p. 46.)

Sur la fissure à l'anus. (*Gaz. des hôpitaux*, 1840, p. 310, t. III.)

Fissure à l'anus. (*Bull. de l'Acad. de méd.*, 1851-1852, t. XVII, p. 185.)

Excision des plis rayonnés de la marge de l'anus. (*Gaz. des hôpitaux*, 1837, t. V, p. 149.)

Remarques sur l'extirpation de l'anus. (*Gaz. des méd. prat.*, t. I.)

Corps étranger dans le rectum. (*Bull. Acad. méd.*, t. XIV, 1848-49, p. 1056.)

III. — TÊTE ET COU

Sur le trépan dans les plaies de tête. — Paris, 1834. (*Archives de médecine*, t. XII, 1836.)

Cas de trépan pour une mèche de cheveux ayant pénétré dans le crâne. (*Gaz. des méd. prat.*, t. I, p. 36, 1839.)

Fongus de la dure-mère. (*Dict. en 30 vol.*, 1835, t. X, p. 520.)

Rapport sur une observation de vastes plaies du crâne, par De Lavacherie. (*Bull. de l'Acad. de méd.*, 1841-42, t. VII, p. 866.)

De l'hydrencéphalocèle. (*Bull. de l'Acad. de méd.* 1844, t. X, p. 112.)

Tumeurs de la région parotidienne. (*Bull. de thérap.*. 1838, t. XVIII, p. 107.)

Remarques sur une tumeur spéciale de la nuque. (*Gaz. des hôpitaux*, 1825, t. V.)

Remarques sur les kystes du cou. (*Gaz. des méd. prat.* t. I.)

Mémoires sur les fistules pharyngo-laryngées. (*Gaz. méd.*, 1833, p. 313.)

Opération d'une tumeur volumineuse située à la partie postérieure de la tête sur un enfant nouveau-né. (*Bull. de l'Acad. de méd.*, t. X, 1844-45, p. 123, 148, 186.)

Discussion sur un procédé pour entretenir le séton à la nuque. (*Bull. de l'Acad. de méd.*, t. XXI, 1855-56, p. 71.)

IV. — TRONC ET MEMBRES

Discussion sur les corps fibreux des mamelles. (*Bull. de l'Acad. de méd.*, 1843-44, t. IX, p. 610, 630.)

Tumeur adénoïde du sein. (*Bull. de l'Académie de méd.*, t. XIX, 1853-54, p. 1133.)

Traité des maladies du sein et de la région mammaire. —Paris, 1854, in-8 ; 2e édition. Paris, 1858.

Phlegmon des mamelles. (*Arch. gén. de méd.*, t. XI, 1825.)

Remarques sur certaines tumeurs de l'aisselle. (*Gaz. des méd. prat.*, t. I.)

Pathologie de l'aisselle. (*Dict. en 30 vol.*, t. II, p. 91, 102, 1833.)

Abcès par congestion. (*Arch. gén. de méd.*, t. XI, 1825.)

Abcès par congestion. (*France méd.*, 1837, p. 93, 98, 106, 119.)

Abcès symptomatiques du dos. (*Gaz. des hôpitaux*, 1831, t. IV, p. 259.)

Contusion de l'abdomen. (*Dict. en 30 vol.*, 1832, t. I, p. 183.)

Tumeurs synoviales. (*Arch. gén. de méd.*, t. XI, 1825.)

Mémoires sur l'imflammation aiguë des synoviales tendineuses et articulaires. (*Nouv. Bibliot. méd.*, août 1826.)

Mémoire sur la crépitation douloureuse des tendons. (*Journ. des connaiss. méd.*, 1835, t. III, p. 77. — *Dict. de méd.*, t. XXV.)

Du Panaris et des inflammations de la main, par J.-C. Bauchet, d'après l'enseignement de Velpeau. — Paris 1859.

Des cas qui nécessitent l'amputation des membres. (*Gaz. méd.*, 1832, p. 313.)

Nouvelle Méthode pour redresser les doigts rétractés. (*Gaz. méd.*, 1835, p. 511.)

Remarques sur la rupture du tendon d'Achille. (*Gaz. des méd. prat.*, t. I.)

Remarques sur le pied-bot. (*Gaz. des méd. prat.*, t. I.)

Rapport sur le mémoire de Malgaigne; de la valeur de l'orthopédie. (*Bull. de l'Acad. de méd.*, 1844-45, t. X, p. 196. — *Ann. de la chir.*, 1844, t. XII, p. 340.)

Mémoires sur les varices et les moyens d'y remédier. (*Bull. de thérap.*, 1831, t. II, p. 110.)

V. — VAISSEAUX

Piqûre ou acupuncture des artères dans le traitement des anévrysmes. (*Journ. univers. et hebd.*, 1831, t. II, p. 57.)

Tumeurs érectiles. (*Bull. de thérap.*, t. XII, p. 59, 1838.)

Mémoire sur l'oblitération des vaisseaux. (*Acad. des sciences*, 1830. — *Gaz. des hôpitaux*, t. II, p. 34, 48, 181, 190, 204, 222; t. IV, p. 152. — *Journ. hebd.*, 1831.)

Sur la gangrène spontanée. (*Gaz. des hôpitaux*, 1830, t. III, p. 58, t. V, p. 375.)

Discussion sur les varices artérielles. (*Bull. de l'Acad. de méd.*, 1850-51, t. XVI, p. 591.)

Maladies de l'artère fémorale. (*Dict. de méd. — Répert. des sciences méd.*, t. XIII, 1836.)

Mémoire sur l'introduction de l'air dans les veines. (*Gaz. méd.*, 1838, p. 113.)

Discussion sur l'introduction de l'air dans les veines. (*Arch. gén. de méd.*, 3e série, t. I, p. 112.)

Mémoire sur les maladies du système lymphatique. (*Arch. gén. de méd.*, 1836, t. X, p. 5, 1839, t. VIII, p. 129, 308.)

Angioleucité. (*Encyc. chir. anglaise.*)

Angioleucite. (*Dict. Encyclop. des Sc. méd.*, t. V, p. 66, 1866.)

De la compression dans le traitement de la phlébite. (*Revue méd.*, juin 1829, t. II, p. 390.)

Œdème douloureux. (*Arch. gén. de méd.*, t. XII, 1826.)

Discussion sur le chloroforme. (*Bull. de l'Acad. de méd.*, t. XIV, 1849-49, p. 355.)

Discussion sur les eaux hémostatiques. (*Bull. de l'Acad. de méd.*, 1851-52, t. XVII, p. 873.)

Discussion sur l'emploi du perchlorure de fer. (*Bull. de l'Acad. de méd.*, 1853-54, t. XIX, p. 108, 112, 115, 117, 126, 183.)

VI. — OS

Sur la nécrose ou la dénudation des os sans exfoliation. (*Gaz. des hôpitaux*, 1829, t. V, p. 348. — *Gaz. des méd. prat.*, t. I, p. 37.)

Fracture du crâne avec perte du mouvement et sentiment conservé. (*Gaz. des hôpitaux*, 1831, t. V, p. 369.)

Fracture congénitale des deux clavicules. (*Gaz. des hôpitaux*, 1832, t. V, p. 369.)

Fracture du radius (extrémité inférieure). (*Dict. de méd. — Répert. des sciences méd.*, t. XXV, 1842.)

Fracture du col du fémur. (*Journ. des connaiss. méd.*, 1836, t. II, p. 225.)

Sur les appareils à fractures des membres inférieurs. (*Arch. de méd.*, 1835, t. XXIX, p. 509. — DELMAS, *Thèse agrégat.*, 1835. — GORRÉ, *Thèse inaugurale*, 1835.)

Traitement des fractures qui permet au malade de marcher. (*Acad. des sciences*, 1837. — *Expérience*, t. I, p. 49.)

Du bandage dextriné dans les fractures. (*Acad. des sciences*, 1838. — *Bull. de thérap.*, t. XIV, p. 100.)

Traitement des fractures par le bandage dextriné. (*Ann. de la chir.* Paris, 1841, t. I, p. 3. — *Bull. méd. belge*, 1840.)

VII. — ARTICULATIONS

Maladies des articulations. (*Dict. en 30 vol.*, 1833, 2e édit., t. IV, p. 168.)

Recherches sur les maladies des articulations. (*Arch. de méd.*, 1837, t. II, p. 510; t. III, p. 5. — *Dict. de Méd.*, t. IV. — *Gaz. des hôpitaux*, 1841, t. III, p. 15.)

Sur les luxations de la clavicule. (*Journ. hebd.*, 1835, t. II, p. 268. — *Journ. des médecins praticiens*, p. 24, t. I. — *Ann. de la chir.*, 1841.)

Mémoire sur les luxations de l'épaule. (*Arch. de méd.*, 1837, t. II, p. 269. — *Presse méd.*, 1837, p. 369.)

Maladies du genou. (*Dict. en 30 vol.*, 1836, t. XIV, p. 94.)

Des ankyloses. (*Gaz. des hôpitaux*, 1840.)

Maladies du poignet. — Luxations. (*Dict. en 30 vol.*, 1842, t. XXV, p. 260.)

Rapport sur un mémoire de J. Roux, concernant l'hydarthrose scapulo-humérale. (*Bull. de l'Acad. de méd.*, 1845-1846, t. XI, p. 289, 324, 342, 359.)

SUJETS DIVERS

Excision de la peau dans les ulcères superficiels. (*Arch. gén. de méd.*, t. XI, 1825.)

Tumeurs spéciales de la peau. (*Arch. gén. de méd.*, t. XII, 1826.)

Extirpation des loupes. (*Arch. gén. de méd.*, t. XI, 1825.)

Plaies par armes à feu. (*Gaz. des hôpitaux*, 1832, t. III, p. 89.)

Communication sur les plaies par armes à feu. (*Bull. de l'Acad. de méd.*, 1847-48, t. XIII, p. 421.)

Discussion sur les plaies par armes à feu. (*Bull. de l'Acad. de méd.*, 1850-51, t. XVI, p. 631.)

Polypes saignants. (*Arch. gén. de méd.*, t. XI, XII, 1825-26.)

Traitement nouveau des kystes. (*Bull. de thérap.*, 1841-42, t. XXI, p. 292.)

Sur l'hygroma. (*Thèse*, Paris, 1827, n° 262.)

Des injections médicamenteuses dans les cavités closes. (*Ann. de la chir.*, 1845, t. XV, p. 257.)

Mémoire sur les dépôts sanguins. (*Journ. hebd.*, 1833, t. VIII, p. 146.)

De la rupture ou de l'écrasement sous-cutané, des tumeurs en général, des tumeurs sanguines en particulier. (*Ann. de chir.*, 1843, t. VIII, p. 413. — *Bull. Acad. de méd.*, 1843.)

Tumeurs hépatiques. (*Arch. gén. de méd.*, t. XII, 1826.)

Tumeurs hydatiques. (*Gaz. des hôpitaux*, 1840, p. 89.)

Abcès divers. (*Arch. gén. de méd.*, t. XI, XII, XIII, 1825-27.)

Abcès fétides. (*Journ. hebd.*, 1832, t. VII, p. 131.)

Abcès fétides. (*Clin. chir.* 1841, t. III, p. 371.)

De la myosite. (*Gaz. des hôpitaux*, 1853, p. 600.)

Adénite. (*Dict. en 30 vol.*, Paris, 1865, t. I, p. 694.)

Sur les blessés de Juillet. (*Gaz. des hôpitaux*, 1832, t. III, p. 355.)

Comptes rendus de l'hôpital de la Faculté, 1825 et 1826. (*Arch. de méd.*)

Comptes rendus de l'hôpital Saint-Antoine. (*Journ. hebd.*, 1836, t. VIII, p. 401.)

Sur la pustule maligne. (*Gaz. des hôpitaux*, 1832, t. III, p. 202; t. V, p. 229.)

Nouveau Traitement de la brûlure. (*Acad. des sciences. — Revue méd.*, 1835, t. II, p. 330; t. III, p. 44.)

Discussion sur le traitement de l'anthrax. (*Bull. de l'Acad. de méd.*, 1865-66, t. XXXI, p. 440, 443.)

Emploi de la pâte de zinc. (*France méd.*, 1853, p. 29.)

Nouvelle Pommade iodurée. (*Gaz. des hôpitaux*, 1831, t. V, p. 257.)

APPAREIL GÉNITO-URINAIRE

Persistance de l'ouraque. (*Arch. de méd.*, 1825-1826.)

Inflammation de la vessie. (*Arch. gén. de méd.*, 1825-26, t. XI et XII.)

Rapport sur un cas d'exstrophie congénitale de la vessie. (*Bull. de l'Acad. de méd.*, t. III, p. 90, 1833.)

Accidents suite du cathétérisme. (*Clin. chir.* 1840, t. III, p. 324.)

Lithotomie. (*Arch. gén. de méd.*, 1825-1826.)

Rapport et discussion à l'Académie royale de médecine, sur la taille et la lithotritie. — Paris, 1835.

Discussion sur la taille et la lithotritie. (*Bull. de l'Acad. de méd.*, 1847-48, t. XIII, p. 97.)

Calcul du col de la vessie. (*Bull. de l'Acad. de méd.*, t. XIX, 1853-54, p. 1133.)

Maladies de la prostate. (*Arch. gén. de Méd.*, 1825-26.)

Maladies de la prostate. (*Dict. en 30 vol.*, t. XXVI, p. 133, 1842.)

Maladies de l'urèthre. (*Arch. gén. de méd.* 1825-26.)

Recherches et observations sur l'emploi du copahu et du cubèbe dans la gonorrhée. (*Arch. gén. de méd.*, 1827, 1re série, t. XIII, p. 33.)

Sur l'emploi du copahu. (*Gaz. des hôpitaux*, 1831, t. V, p. 257.)

Polypes de l'urèthre. (*Journ. hebd.*, 1836, t. II, p. 310.)

Sur la blennorrhagie. (*Presse méd.*, 1837, p. 33-53. — *France méd.* 1837, p. 86.)

Maladies des testicules. (*Arch. gén. de méd.*, 1825-26.)

Engorgement tuberculeux du testicule. (*Dict. en 30 vol.*, t. XXIX, p. 472, 1844.)

Engorgement des testicules. (*Discours à l'Acad. de méd.* — *Bull.*, t. XVI, p. 1041 ; t. XVII, p. 791, 1851-52.)

Pathologie du testicule. VELPEAU et ROUX. (*Dict. en 30 vol.*, t. XXIX, p. 434, 1844.)

Traitement de l'orchite. (*Bull. de thérap.*, 1835, t. XVIII, p. 363. — *Gaz. des hôpitaux*, 1840, p. 31. — *Gaz. des médecins praticiens*, t. I, p. 55 et 56.)

Sur l'orchite. (*Gaz. des hôpitaux*, 1831, t. V, p. 317.)

Traitement de l'orchite. (*Gaz. des hôpitaux* et *Ann. de la chir.*, Paris, 1841, t. III, p. 345.)

Discussion sur le traitement des orchites par le collodion. (*Bull. de l'Acad. de méd.*, 1852-53, t. XVIII, p. 601, 1088, 1092.)

Traitement de l'orchite par le collodion. (*Gaz. des hôpitaux*. 1864, p. 365. Leçon recueillie par Marce et Rombeau.)

Discussion sur les tubercules des testicules. (*Bull. de l'Acad. de méd.* 1850-51, t. XVI, p. 1042, 1207.)

Sur la castration. (*Gaz. des hôpitaux*, 1841, p. 134 et 142.)

Sur l'hématocèle. — Paris 1841.

Hydrocèle. (*Dict. en 30 vol.*, t. XV, p. 442, 1837.)

Recherches sur les différentes espèces d'hydrocèles. (*Presse méd.*, 1837, p. 100.)

Nouveau Traitement de l'hydrocèle. (*Arch. de méd.*, 1837, t. I, p. 29, — *Presse méd.*, p. 110, 118, 131, 201, 216, 228, 241, 251, 294. — *France méd.*, p. 2. — *Répert. des sciences méd.*, t. XV.)

Mémoire sur une tumeur fœtale du scrotum. (*Acad. des sciences*. 1839. — *Gaz. méd.*, 1840, p. 97. — *Gaz. des hôpitaux*, p. 86. — *Arch. de méd.*, mars 1840, 1. 299.)

Abcès de la vulve. (*Journ. hebdomad.* 1836, t. II, p. 5.)

Plaies et contusions de la vulve. (*Dict. en 30 vol.*, t. XXX, p. 968, 1846.

Les abcès des grandes lèvres. (*Gaz. des hôpitaux*, 1856, n° 19.)

EMBRYOGÉNIE (Ovologie de Velpeau)

Note et observations sur l'embryogénie. (*Arch. gén. de méd.*, 1824, t. VI, p. 135, 403, 504.)

De la membrane caduque : 1er mémoire. (*Acad. de méd.*, 1824. — *Arch. gén. de méd.*, t. VI, p. 403-406.)

De la membrane caduque : 2e mémoire. (*Acad. des sciences*, 1827.)

Nouvelles Remarques sur la menbrane caduque et sur les rapports qu'elle contracte avec l'œuf humain. — Paris, 1830.

De la membrane caduque : 3e mémoire. (*Acad. de méd.* t. I, p. 131. 1833.)

Mémoire sur les enveloppes du fœtus. (*Acad. de méd.* — *Arch. de méd.* 1824, t. VI, p. 584.)

Mémoire sur le chorion. (*Acad. des sciences*, 1820.)

— **l'amnios.** — — —

— **la vésicule ombilicale.** — —

— **l'allantoïde.** — —

Note sur l'œuf humain. (*Ann. d'histoire naturelle*, oct. 1827.)

Mémoire sur le développement de l'embryon. (*Soc. philomatique*, 1827.)

ACCOUCHEMENTS

Mémoire sur les accouchements laborieux et la céphalotomie. (*Arch. de méd.*, 1826, t. XI, p. 227.)

Mémoire sur le faux travail et les naissances tardives. (*Nouv. Biblioth. méd.*, août 1829.)

Mémoire sur les positions vicieuses et la version du fœtus. (*Gaz. méd.*, 1830.)

Mémoire sur un fœtus monstrueux. (*Journ. hebd.*, 1834, t. I, p. 277.)

Évolution spontanée. (*Presse méd.*, 1837, p. 427.)

Mémoire sur la phlegmatia alba dolens des femmes en couches. (*Arch. gén. de méd.*, 1824, t. VI, p. 220.)

Mémoire sur la péritonite des femmes en couches. (*Rev. méd.*, 1827, t. I.)

Sur la péritonite. (*Thèse*, Paris, n° 17, 1827.)

Mémoire sur le traitement de la péritonite. (*Arch. de méd.*, avril 1829.)

Des convulsions pendant la grossesse, pendant le travail ou après l'accouchement. — Paris, 1834.

Discussion sur la fièvre puerpérale. (*Bull. de l'Acad. de méd.*, 1857-58, t. XXIII, p. 740.)

Discussion sur un cas de dystocie. (*Bull. de l'Acad. de méd.*, 1850-51, t. XVI, p. 698.)

Discussion sur l'application du forceps au détroit supérieur. (*Bull. de l'Acad. de méd.*, 1851-52, t. XVII, p. 305.)

Discussion sur l'avortement provoqué. (*Bull. de l'Acad. de méd.*, 1851-52, t. XVII, p. 545-583.)

Discussion sur le seigle ergoté. (*Bull. de l'Acad. de méd.*, 1850-51, t. XVI, p. 21.)

Discussion sur les ceintures élastiques. (*Bull. de l'Acad. de méd.*, 1850-51, t. XVI, p. 646.)

GYNÉCOLOGIE

Mémoire sur les tumeurs abdominales formées par des détritus de grossesse extra-utérine. (*Soc. philomat.*, 1826.)

Discussion sur les maladies utérines. (*Bull. de l'Acad. de méd.*, 1849-50, t. XV, p. 151-412.)

Discussion sur les kystes ovariques. (*Bull. de l'Acad. de méd.*, 1856, t. XXII, p. 31, 185; 267, 301.)

Polypes de l'utérus. (*Bull. de thérapeut.*, 1838, p. 156.)

Discussion sur le cathétérisme utérin. (*Bull. de l'Acad. de méd.*, 1852-53, t. XVIII, p. 352, 364.)

Discussion sur le redressement utérin. (*Bull. de l'Acad. de méd.*, 1852-53, t. XVIII, p. 861, 974.)

Recherches sur les fistules vésico-vaginales. (T. II des *Leçons de clin. chir.*, par Jeanselme, 1841.)

Sur l'inversion incomplète de la matrice. (*Clin. chir.*, t. II, 1841.)

Sur les abcès de la fosse iliaque. (*Clin. chir.*, t. III, 1841.)

De la rareté des engorgements et de la fréquence des déviations de l'utérus. (*Bull de l'Acad. de méd.* 1849.)

MALADIES DES YEUX

Mémoire sur l'emploi des sangsues à la face intérieure des paupières contre les ophthalmies aiguës. (*Journ. de méd. chir. pharm.*, juillet 1820.)

Ophthalmie des nouvelles accouchées en général. (*Arch. de méd.*, 1826, t. XI, XII.)

Ophthalmie blennorrhagique. (*Gaz. des hôpitaux*, t. V, 1826, p. 137, 141, 154, 193.)

Ophthalmie scrofuleuse. (*Bull. de thérapeutique*, t. I et II, 1832-33.

Mémoire sur l'emploi du vésicatoire au-devant de l'orbite dans le traitement de certaines ophthalmies. (*Journ. des conn. méd. chir.*, 1836, t. III, p. 60, 483.)

Ophthalmies. (*Dict. de méd.* — *Répert. des sciences méd.*, t. XXII, 1841.)

Mémoire sur les différentes sortes d'ophthalmies. (*Ann. d'oculistique*, 1841-1842.)

De l'emploi du nitrate d'argent dans les ophthalmies aiguës. (*Ann. de la chir.*, 1843, t. IX, p. 210.)

Rapport sur Morand. Mémoire sur la coïncidence de l'inflammation de la pituitaire avec celle de la conjonctive dans l'ophthalmie scrofuleuse. (*Bull. de l'Acad. de méd.*, 1843-44, t. IV, p. 875 et 994.)

Maladies de l'orbite. (*Dict. de méd.* — *Répert. des sciences méd.*, t. XXII, 1840, p. 303, 308.)

Remarques sur la fistule lacrymale. (*Gaz. des hôpitaux*, 1825, t. V.)

— **l'ectropion.** — —

— — (*Gaz. des médecins praticiens*, t. I.)

— **l'entropion.** — —

Clignotement des paupières. (*Dict. en 30 vol.*, 1831, t. XVIII, p. 297.)

Inflammation de l'œil et des paupières. (*Expérience*, 1837-1838, t. I, II.)

Maladies des paupières. (*Dict. de méd.* — *Répert. des sciences méd.*, t. XXIII, p. 301. 1841.)

Du strabisme. (*Gaz. des hôpitaux*, 15 sept. 1841. — *Ann. de la chir.*, 1841, t. I, p. 182 et 439; 1842, t. IV, p. 318, 385 et t. V, p. 44.)

Sur la Xérophthalmie. (*Presse méd.*, 1837, p. 121. — *France méd.*, p. 115.)

Rapport sur Delasiauve. — Expériences sur les conjonctives avec la solution concentrée de nitrate d'argent. (*Bull. de l'Acad. de méd.*, 1843, t. IX, p. 34.)

Maladies de la cornée. (*Dict. de méd.* — *Répert. des sciences méd.*, t. IX, 1835.)

Plaies de l'iris. (*Gaz. des hôpitaux*, 1831, t. V, p. 102.)

Maladies de l'iris. (*Dict. de méd.* — *Répert. des sciences méd.*, t. XVII, 1838.)

Mémoire sur l'iritis. (*Journ. des conn. méd.*, 1841, t. VIII, p. 129.)

Nouveaux Procédés pour l'opération de la pupille artificielle. (*Gaz. des hôpitaux*, t. II, p. 22, 1829.)

Remarques sur la cataracte. (*Gaz. des hôpitaux*, 1825, t. V.)

Nouveaux Procédés pour l'opération de la cataracte. (*France méd.*, 1837, p. 18.)

Nouvel Ophthalmostat. (*Journ. hebd.*, 1836, t. II, p. 147.)

Notes sur l'amaurose. (*Gaz. des hôpitaux*, 1831, t. IV, p. 248.)

Discussion sur l'occlusion des yeux. (*Bull. de l'Acad. de méd.*, t. XX, 1855-56, p. 527, 577, 697, 922.

VARIA

Sur la meilleure manière de conserver le vaccin. (*Journ. de méd., chir., pharm.*, juillet 1820.)

De la dignité médicale. (*Ann. de la chir.*, 1841, t. I, p. 385.)

Discussion sur la statistique des décès. (*Ann. de la chir.*, 1857-58, t. XXIII, p. 70, 86, 109.)

Discours prononcé aux funérailles de M. Bretonneau à Tours, le 7 mai 1862. (*Union méd.*, 1862.)

Paris. — Typ. G. Chamerot, 19, rue des Saints-Pères. — 21868.

www.ingramcontent.com/pod-product-compliance
Ingram Content Group UK Ltd.
Pitfield, Milton Keynes, MK11 3LW, UK
UKHW021948260726
13994UKWH00004B/1602

9 782329 332987